AF246824

ÉLOGE

DE

PHILATRE DE ROZIER,

Lu, le 14 Juillet 1785, dans une Assemblée du premier Musée, établi en 1781, sous la protection de MONSIEUR & de MADAME.

A PARIS,

De l'Imprimerie de L. JORRY, Libraire-Imprimeur de Monseigneur LE DAUPHIN & des Enfants de France, rue de la Huchette.

M. DCC. LXXXVI.

ÉLOGE

DE
PILÂTRE DE ROZIER.

IL faut avoir des talens connus, pour oſer ſe charger de l'éloge d'un homme dont la froide bravoure & l'active intelligence intéreſſent toutes les ames généreuſes. Je n'ai point calculé mes forces ; j'ai ſeulement écouté mon cœur. J'ai cru que, ſans être éloquent, on pouvoit tout tenter quand on étoit vivement ému.

Vous avez cru, MESSIEURS, que le témoin de la mort de Pilâtre de Rozier avoit quelques droits à vous parler de ſa vie.

Vous avez daigné encourager cet eſſai, ouvrage de la reconnoiſſance ; ſi j'avois réuſſi, je dirois : la ſenſibilité peut donc quelquefois ſuppléer aux talens & au génie.

A 2

S'il eſt difficile de louer dignement celui ſur le ſort duquel les larmes coulent encore, il eſt au moins bien doux d'être l'organe d'un ſentiment univerſel.

Oui, MESSIEURS, le nom de Pilâtre de Rozier a droit ici d'émouvoir tous les cœurs, & le prononcer en ce lieu doit être ſeul un éloge..... Un jour, en voyant ce nom conſacré par la Gloire, je m'écrierai : ſi ſes dernieres expreſſions de ſentiment furent pour moi, le premier j'ai jeté quelques fleurs ſur ſa tombe.

Il naquit au mois de Mars 1757 ; la ville de Metz fut ſa patrie, & ce fut à Paris qu'il conſacra ſes talens. Preſqu'ignoré dans ſon propre pays, dont il étoit éloigné depuis long temps, la ville où il eſt né ne le connoît que par les rayons de gloire qu'il répand ſur elle ; & tandis que ſes Concitoyens ont le droit de s'enorgueillir de ſa naiſſance, il ne nous reſte à nous que celui de pleurer ſa mort.

Je ne m'arrêterai point ſur l'origine de Pilâtre de Rozier ; qu'il nous ſuffiſe d'apprendre qu'il dut le jour à des parents vertueux & honnêtes. Le préjugé de l'orgueil fut toujours la reſſource de la médiocrité.

Le Savant, l'Artiſte & le Poëte ſont les enfants de leurs œuvres, & l'homme célebre appartient à toutes les claſſes de Citoyens.

Le plus grand déſavantage de l'indigence eſt de nous ôter quelquefois les reſſources de l'éducation diſtinguée.

L'homme riche, fans talens, eft d'autant plus coupable, qu'il a eu tous les moyens pour fe les procurer ; ainfi l'homme fans fortune, qui, comme Pilâtre de Rozier, devient fon propre ouvrage, à d'autant plus de droit à notre eftime, qu'il lui a fallu vaincre plus d'obftacles pour la mériter. Il fortoit à peine de l'enfance, qu'il fut employé dans les Hôpitaux Militaires ; l'étude de l'Anatomie l'intéreffa fans l'attacher. Un attrait auquel il ne put réfifter, l'entraîna vers la Phyfique & la Chymie, & bientôt il fe livra, fi j'ofe m'exprimer ainfi, à cet élan heureux qui porte les grands hommes à la place qu'ils doivent occuper.

A l'âge de dix-fept ans, fans fecours, fans moyens affurés, il vint en cette Capitale, attiré par l'ardeur de s'inftruire. Il crut, avec raifon, que Paris étoit le centre de toutes les lumieres, & puifant dans fon infortune une nouvelle énergie, il réfolut de tout tenter pour y étendre fes connoiffances.

Les laboratoires de deux habiles Pharmaciens de cette Ville furent fucceffivement les ports où fa jeuneffe fe mit à l'abri pendant ces premiers temps d'orage. Courant toujours avec une égale ardeur à fon but, les difficultés difparoiffent devant lui, & fes occupations journalieres ne peuvent arrêter ni fes travaux, ni fes progrès. Il trouva dans la Pharmacie les premiers éléments de cette fcience à laquelle fon génie l'appelloit. Si la théorie l'avoit féduit d'avance, quel charme n'éprouva-t-il pas en fe livrant aux expériences de la Physique & de la Chymie!

Il s'attache à tous les Cours, écoute toutes les leçons, dévore tous les livres ; intelligent, docile & studieux, il marche à pas de géant dans cette carriere nouvellement ouverte.

La nature avoit accordé à Pilâtre de Rozier tous les dons qui forment le Physicien & le Chymiste. Laborieux, audacieux peut-être, qui posséda mieux que lui, l'amour de la gloire qui fait entreprendre, la patience qui fait exécuter, & le courage qui fait réussir ?

Réussir ! Ah ! Messieurs, je vois combien ce mot vous étonne. Il vous rappelle & sa chûte, & sa mort cruelle.

Que cet événement funeste, effet de l'infortune, & non de l'imprudence, ne vous fasse pas oublier des succès réitérés & des triomphes dans plus d'un genre ; mais n'anticipons pas sur ces moments de gloire, trop courts, hélas ! & semblables à ces rêves enchanteurs que termine le réveil le plus terrible.

En 1780, la ville de Rheims eut besoin d'un Savant éclairé, capable de porter des lumieres dans son sein, & d'y donner un Cours public de Chymie intéressant & instructif.

M. Sage est chargé de nommer un Professeur ; c'est parmi ses Éleves qu'il le choisit, & Pilâtre vole donner des leçons à l'âge où l'on commence à peine à les recevoir avec fruit.

Cette ardeur qui l'avoit conduit à Paris, l'y ramena bientôt. Infatiable de connoiſſances, Pilâtre, las d'enſeigner, ſe hâte de revenir à l'étude.

Le Commerce parut quelque temps lui cauſer des diſtractions utiles ; mais, entraîné par une paſſion plus forte que l'intérêt, il céda, & revint pour jamais à la Phyſique & à la Chymie.

Heureux alors, pour la premiere fois, il ſe trouva tout-à-coup placé ſous les yeux d'un Prince (1), Protecteur des Sciences qu'il honore, & ami des Arts qu'il cultive. Bientôt il parut mériter ſes regards & ſes bontés.

A ce bonheur inappréciable ſans doute, il joignit celui de ſervir une Princeſſe (2) généreuſe & ſenſible, juge éclairé des talens, & ſachant auſſi-bien les poſſéder que les apprécier dans les autres.

Il eut l'honneur d'expliquer à tous les deux les phénomenes intéreſſants de la Phyſique & de la Chymie.

C'eſt à cette époque, MESSIEURS, que, ſe rappellant les difficultés infinies qu'il lui fallut vaincre, il réſolut d'épargner tant de peines à ceux que l'amour des Sciences & des Arts jeteroit après lui dans cette immenſe carriere.

Les grandes idées ſans doute naiſſent plus aiſément auprès des grands Princes. Semblables au Dieu du jour, qui répand autour de lui des flots de lumiere,

---

(1) MONSIEUR.　　(2) MADAME.

ils impriment un caractere d'élévation à tout ce qui les environne.

Pilâtre de Rozier imagine de réunir dans une même enceinte ce que son génie seul a su si bien embrasser, & rassemblant toutes les lumieres éparses, il voulut créer un lieu qui pût en devenir le foyer.

Ce vaste projet, un homme né sans appui ose le concevoir & l'exécuter..... Que d'obstacles il rencontra, que de patience il fallut opposer aux brigues de l'envie ! C'est alors qu'il s'écrioit quelquefois, avec cette douceur qui le caractérisoit : « le » Public est juste à la longue, mais il commence » toujours par s'opposer au bien qu'on veut lui faire ». En répondant ainsi par des succès à des doutes, par l'évidence des choses à l'inutilité des mots, il réussit. Monsieur approuve ses projets, le Musée prend naissance, & l'on vit bientôt en ce lieu la Physique, la Chymie, l'Anatomie, les Mathématiques unies & ralliées sous le nom des Muses.

C'est dans ce temps, Messieurs, que, pour l'honneur de l'humanité, un seul homme osa résoudre le problême de tous les siecles.

Par les loix de la pesanteur, tout corps grave sembloit forcé de tendre vers la terre ; mais M. de Mongolfier calcule & force ces mêmes loix à produire un effet contraire : & de la pesanteur il rompt enfin la chaîne.

Ainsi donc la vérité vient à l'appui de la fable, & ce que l'imagination des Poëtes inventa, le génie d'un homme le réalise.

Qu'il faut de courage, MESSIEURS, pour combattre l'opinion, & tenter ce que le préjugé déclare impoſſible ! Que d'épines ſemées ſur la carriere des Sçavants, par ce même Public qu'ils cherchent à inſtruire & à éclairer ! Les hommes extrêmes en tout, ne ſçavent que leur prodiguer ou la louange, ou le mépris, & nous les avons vus ſouvent laiſſer le génie aux priſes avec la médiocrité.

Ce fut au mois de Juillet 1783, que M. de Mongolfier, devancé à Paris par la renommée, vint y porter ſa découverte.

Un Globe fut lancé aux yeux de cette Capitale étonnée, & le Champ de Mars devint pour l'Aéroſtation, le premier champ de triomphe.

C'eſt alors que ſe livrant à cet enthouſiaſme qu'inſpirent les grandes choſes aux ames faites pour les ſentir & les apprécier, Pilâtre de Rozier oſa deſirer ce que perſonne n'avoit oſé prévoir. L'idée d'un homme au milieu de la région des airs, abandonnant ſon exiſtence à des ſubſtances foibles & fragiles, cette idée glaçoit tous les cœurs, lui ſeul n'en fut point ému.

Il brigua la place, qui long-temps lui fut refuſée par humanité, & deſira comme une grace, ce qu'un R o i bienfaiſant trembloit de ſubſtituer même au plus affreux ſupplice.

Ne croyez pas que le deſir de la gloire pût ſeul étouffer en lui cet attrait qui nous attache à la vie. C'eſt à l'amour du bien public qu'appartiennent de pareils prodiges ; lui feul peut élever au-deffus des terreurs & des préjugés ordinaires. Et fi l'on a vu quelquefois chercher la mort dans l'efpoir de fe rendre immortel, il eft plus beau de la braver, dans le deffein de fe rendre utile.

Que je confacre ici ce mot, qu'il répétoit fouvent lui-même. « On a toujours affez vécu, du moment » où l'on a fait faire un pas de plus à l'humanité ». Après plufieurs effais heureux, M. de Mongolfier confentit enfin aux vœux réitérés de Pilâtre de Rozier, & l'empire de l'air devint le patrimoine de l'homme.

Il exiftoit deux moyens peut-être également dangereux, mais arrivant au même but par des procédés contraires. Il fallut faire un choix, & l'inventeur parut accorder au feu une entiere pré-férence : plus fimple, plus prompt, plus économe, ce moyen annonçoit une utilité plus réelle, & des avantages plus à la portée de tout le monde. Dès-lors, l'Aéroftation fut partagée en deux partis. M. Charles foutint avec fuccès le procédé qu'il avoit adopté, & Paris vit les Artiftes les plus célebres balancer entre les Aéroftats & les Mongolfieres.

Heureux encore, quand une noble émulation eft le feul fentiment qui divife deux rivaux ! heureux, quand ils fçavent s'apprécier, calculer leurs forces, mériter leur eftime ; fur-tout avoir l'utile orgueil de dédaigner l'envie, de braver le préjugé du moment, & de n'adopter pour juge que la poftérité, feule faite pour prononcer des arrêts irrévoçables !

Le 21 Novembre, six mois après la découverte de M. de Mongolfier , deux mortels audacieux s'abandonnerent à tous les hasards d'un élément jusqu'alors inconnu.

Pilâtre de Rozier & M. le Marquis d'Arlandes partagerent un triomphe d'autant plus flatteur, qu'il étoit sans exemple. Paris, Lyon, Versailles, vous fûtes les témoins des travaux & des succès de l'infortuné de Rozier ; vous l'avez vu par - tout infatigable, par-tout également intrépide, joindre par de nouveaux essais les ressources du génie aux avantages de l'expérience.

Tant de travaux couronnés ne suffisoient-ils pas pour sa célébrité? Oui, Messieurs, mais les bontés du Roi, les encouragements de la Nation furent encore pour lui de nouveaux aiguillons. Il résolut de tout tenter, pour mériter davantage. Telle est l'ame d'un François échauffée par les regards de son Souverain, elle se croit susceptible de tout entreprendre. C'est voler à la gloire, que de courir, en pareil cas, au danger.

La Peirouse, qui ne voudroit être à votre place, qui ne braveroit, ainsi que vous, la longueur d'une traversée incertaine, les chaleurs de la ligne, le froid & les glaces des pôles? qui ne voudroit marcher sur les traces de Cook, si, comme vous, il eût reçu des ordres de la bouche du Roi & de celle de son Auguste Épouse?

Portez donc le nom de Louis dans les régions

inconnues ; souvenez-vous que vous l'avez fait respecter ; mais oubliez que vous l'avez fait craindre, que l'humanité par-tout l'accompagne, &, fidele au portrait que vous en devez faire, rendez pour lui tous les cœurs François.

C'est ainsi, que protégeant tous les Arts, le Roi fait parcourir à ses vaisseaux les mers les plus reculées, permet qu'on tente la route nouvelle de l'air, & veut sur tous les éléments étendre sa gloire & celle de son Empire.

Le passage de France en Angleterre, à travers l'athmosphere, exigeoit une nouvelle audace ; on présente cette idée à Pilâtre de Rozier, il l'adopte ; & bientôt le voilà sur la côte, attendant les arrêts du fort, & l'un des trois seuls airs de vent qui lui soit favorable.

Blanchard, l'heureux Blanchard arrive à Douvres, formant le même dessein sur la rive opposée ; la fortune lui rit, & le vent, plus favorable, le ramene triomphant dans sa Patrie.

Incapable de sentir le tourment de l'envie, aussi juste que généreux, il l'attend à Boulogne, le couronne de sa main, & revient avec lui à Paris, sans craindre d'augmenter son triomphe.

Ne croyant avoir rien fait, il voit les succès d'un autre, & veut essayer davantage. Encouragé par les motifs les plus puissants, il part ; mais ce n'est pas sans un pressentiment douloureux. Hélas ! il ne verra plus cette sœur qu'il aime & qu'il comble de bienfaits ;

à peine entendra-t-il parler de toute fa famille dont il eft le pere & l'appui; il ne jouira plus de cet Établiffement qui lui donna tant de peine, & dont le fuccès fait fon bonheur; il ne pourra plus s'occuper des deux Sciences qui font fes délices; il n'embraffera plus fes amis : il les preffe pour la derniere fois contre fon cœur.... O vous qui méritez fa confiance, amis qui depuis long temps, le fecondez dans fes travaux, il vous écrira du fond de fa prifon (1) : c'eft ainfi qu'il s'expliquera lui-même, mais fes lettres, remplies de fenfibilité, refpireront une mélancolie fombre; chaque phrafe aura droit d'émouvoir vos ames & de les affliger.....

Non, MESSIEURS, je ne vous peindrai point les dégoûts fans nombre dont il a été accablé; je ne vous dirai pas que, pendant fix mois, il paffa toutes les heures dans l'incertitude la plus affreufe; les jours, à préparer la Machine; les nuits, à confulter les vents; trois fois il la chargea, trois fois il prit place dans cette galerie, où je l'ai vu étendu, fracaffé, & trois fois les vents inconftants rejeterent fes vœux & détruifirent fes efpérances.

C'eft vous, témoins de fes derniers travaux, que j'ofe accufer ici (2), c'eft pour fe fouftraire à vos foupçons injurieux qu'il a cherché la mort. Le plus brave, le plus audacieux des hommes, je vous ai vus le traiter de lâche; je vous ai entendus tenir au-

---

(1) Boulogne.   (2) Les Habitants de Boulogne.

tour de lui les propos les plus piquants...... Elles alloient jusqu'à lui, vos cruelles épigrammes, & son cœur en étoit blessé..... Il a voulu répondre à tout, il est parti..... respectez sa mémoire , accordez quelques froids honneurs à sa cendre..... Il vous pardonne ; il vous eût pardonné, sa vengeance est dans vos cœurs.

O vous cependant qui lui êtes restés fideles, vous qui avez bravé l'opinion de vos Concitoyens, partagez ses travaux ; je sais combien vous étiez chers à son cœur (1) : recevez donc par ma bouche ce témoignage de sa reconnoiffance : elle eût été éternelle, hélas ! elle eût été comme feront vos regrets.

Malheureux Compagnon, dont j'ai voulu prendre la place......! vous qui feriez encore, fi moi, j'avois cessé d'être, partagez en ce moment les larmes que nous répandons pour tous les deux. Romain , Pilâtre de Rozier, nous ne féparerons plus déformais votre mémoire , la nuit des tombeaux vous a réunis ; nous ferons auffi juftes que la mort a été cruelle.

Pour tirer un plus grand parti des deux fyftêmes de l'Aéroftation, Pilâtre avoit réfolu de les réunir. Tels étoient fon génie & fon caractere. Je ne défendrai point ce qu'on accufe ou de témérité , ou d'imprudence, & ne perdrai pas à difcuter, un temps qu'il faut employer à fentir : laiffons aux ames moins

---

(1) Amis qu'il avoit à Boulogne , tels que MM. Cazin de Caumartin , du Souliez, &c.

émues à définir la caufe d'un malheur affligeant &
vraiment déplorable. Rappellons-nous plutôt fes
derniers moments, jamais ils ne fortiront de ma
mémoire.

Je le vois, inquiet, mélancolique, confulter toute
la nuit les vents & redouter leur inconftance. En vain
je le conjure de prendre du repos ; il me répond :
il n'en eft plus pour moi, il faut partir, il faut
traverfer cette mer, dût-elle m'engloutir ; c'eft la
feule porte qui me refte pour retourner à mes amis.
Je le preffe de fe livrer au fommeil, il me refufe ;
hélas ! l'infortuné ne fait pas que la mort eft le
fommeil qui l'attend.

Je l'entends dire, en me montrant l'Angleterre :
ma fortune, ma gloire & ma vie font à la côte,
là-bas.....

Ce n'eft pas fans l'émotion la plus vive que je me
retrace, MESSIEURS, le moment où fon amitié
généreufe me fauva la vie. Il me ferra dans fes bras,
& cherchant à ébranler ma conftance, il voulut
m'effrayer d'un danger qu'il fut prévoir & craindre
pour moi, tandis qu'il le bravoit pour lui...... Non,
ce n'eft pas un vent fait, me difoit-il ; non, ce n'eft
pas une expérience certaine. Je cédai, tant il eft
vrai que les circonftances donnent quelquefois un
afcendant qu'on ne peut vaincre ni définir.

Enfin le moment fatal approche, le feu s'allume,
mes mains feules les retiennent encore à la terre....;
ils m'échappent, ils s'élancent, ils s'élevent avec

majefté, mon œil les conduit, & je refpire à peine. Tous mes fens font fufpendus ; infortunés ! je leur porte encore envie ; déjà vingt minutes fe font paffées dans cette agitation violente ; j'entends crier autour de moi, l'effroi m'environne, il s'eft déjà gliffé dans mon cœur. Le mouvement le plus accéléré entraîne & ramene la Machine vers la terre. Je la vois, mais tout-à-coup elle difparoît à mes yeux : c'en eft fait, il ne me refte plus d'efpoir.... Quel moment affreux ! quelle incertitude accablante ! une lieue me refte à faire..... Quel trajet, grand Dieu ! Je vole, j'arrive enfin..... Non, vous n'aurez pas la cruauté d'exiger ce détail vraiment accablant pour moi ; je veux vous épargner ce tableau, pour jamais préfent à ma penfée ; il a déchiré mon cœur. Puifqu'il eft des degrés de douleur qu'on peut fentir, & qu'il eft impoffible de rendre, je finis en vous difant : voulez-vous prolonger fa gloire, voulez-vous honorer fa cendre ? foutenez & rendez fa fplendeur au MUSÉE, qui fut fon ouvrage.

Que les Belles-Lettres, qui viennent de s'y réunir, y ajoutent un nouvel éclat, s'il eft poffible, & que de cet accord enchanteur il naiffe un Établiffement digne de porter le nom du TEMPLE DES MUSES.

Lu & approuvé, ce 2 Mars 1786, DE SAUVIGNY.

Vu l'approbation, permis d'imprimer, DE CROSNE.